Yo Soy

El Sol

REBECCA Y JAMES MCDONALD

Yo soy el Sol. Ilumino tu día y llevo luz a la oscuridad.

Parezco una bola gigante de fuego que brilla en el cielo, pero en realidad soy una estrella, como algunas de las estrellas que brillan en el cielo por la noche. Los científicos dicen que soy una estrella enana amarilla.

No todas las nébulas tienen estrellas, pero las nébulas que las tienen normalmente tienen muchas, por lo que probablemente tengo muchas hermanas y hermanos que brillan en el espacio.

Yo soy la estrella más cercana a tu planeta, la Tierra, y como soy muy grande, mi gravedad es muy fuerte. La gravedad es lo que hace que ocho planetas y sus lunas se queden en su lugar, y hace que den vueltas a mi alrededor.

Incluso si soy redondo como el planeta Tierra, mi superficie no es dura. Principalmente estoy conformado por dos gases importantes llamados hidrógeno y helio.

Los planetas que están cerca de mí se ponen muy calientes y por eso las plantas, animales o personas no pueden vivir en ellos.

Los planetas que están muy lejos de mí no reciben suficiente calor y son demasiado fríos como para que crezcan los seres vivientes.

Pero ¡tu planeta Tierra está lo suficientemente cerca y lo suficientemente lejos como para recibir la cantidad perfecta de calor y luz para que crezcan muchos tipos de vida!

Las plantas en la Tierra usan mi energía como alimento, lo que les ayuda a crear el aire que respiran todos los seres vivos.

Y cuando las personas y los animales comen plantas, adivina qué energía hace que todo eso sea posible. ¡Así es! Es mi energía.

Yo también soy la razón por la cual hay diferentes temporadas en la Tierra. Cuando la Tierra se inclina hacia mí, son las temporadas de crecimiento, el verano y la primavera. Cuando la Tierra se inclina lejos de mí, son las temporadas más frías, el otoño y el invierno.

Sin mi luz y energía, todo estaría oscuro y frío y, por eso, soy muy importante.

Pero las personas y los animales no tienen que verme directamente porque mi luz y mi energía son tan fuertes que puedo dañar sus ojos. Las personas también deben proteger su piel de mi luz.

Cuando los científicos me estudian, usan filtros especiales y telescopios que protegen sus ojos. También hay satélites en el espacio que me ven y envían información.

Soy tan grande que hasta las manchas solares más pequeñas que tengo en mi superficie pueden causar grandes explosiones de energía. Las manchas solares son manchas más oscuras y frías que se mueven o que hasta desaparecen y regresan.

Algunas veces mis manchas solares explotan con energía que puede llegar muy lejos en el espacio. Si una explosión es suficientemente grande, las personas en la Tierra la ven como luces llenas de color en el cielo nocturno, llamadas auroras.

Pero recuerda, aún en los días más nublados, todavía estoy brillando muy alto en el cielo. ¡Puedes contar conmigo para llenar tus días de calor y luz!

¿Por qué es tan importante proteger tus ojos y piel del Sol?

¿Por qué no hay vida en los planetas que están más cerca del Sol?

¿Por qué los científicos no pueden aterrizar naves espaciales en el Sol?

Yo Soy el Sol

ISBN:978-1-950553-05-1
Primera edición de pasta blanda de House of Lore, 2019
Visítanos en www.HouseOfLore.net

Through The Milky Way On A PB&J
James McDonald

Do I Look Odd To You
Rebecca and James McDonald

ALPHA
THE ALPHA-BOT
GUARDIAN OF THE ALFURBETS

BO the Bear BUILDS a Race
REBECCA AND JAMES MCDON

I AM A Dinosaur
REBECCA AND JAMES MCDONALD

I AM Tyrannosaurus Rex
REBECCA AND JAMES MCDONALD

I AM Triceratops
REBECCA AND JAMES MCDONALD

Why Mama Why
Rebecca and James

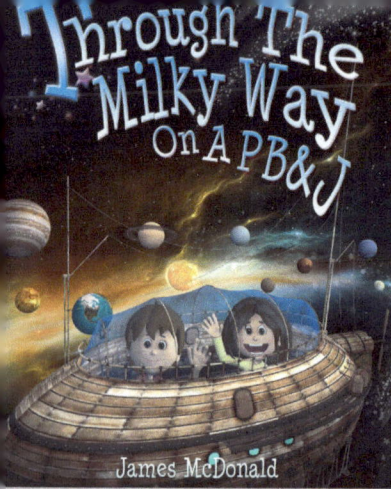

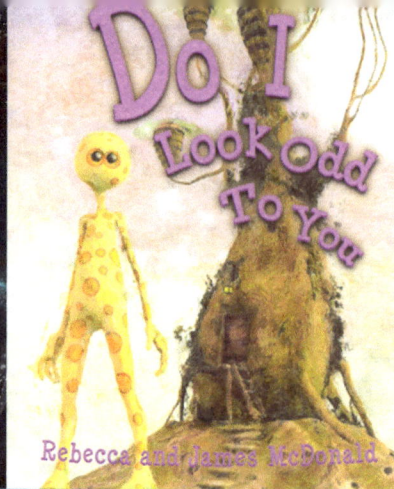

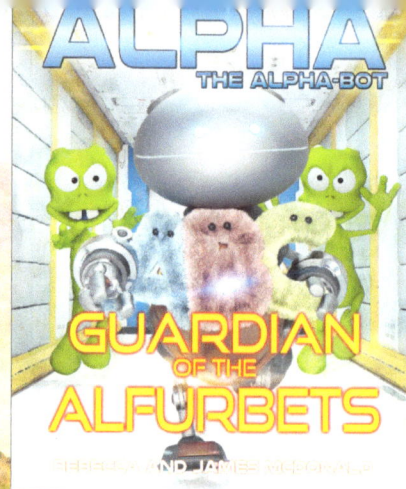

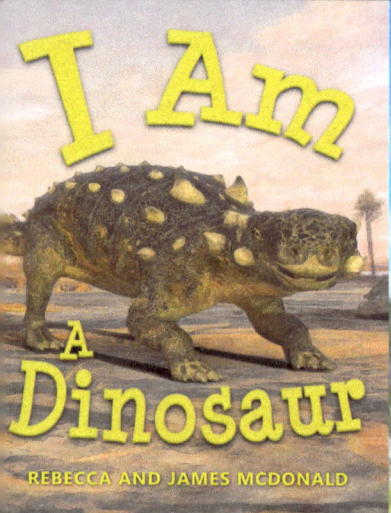

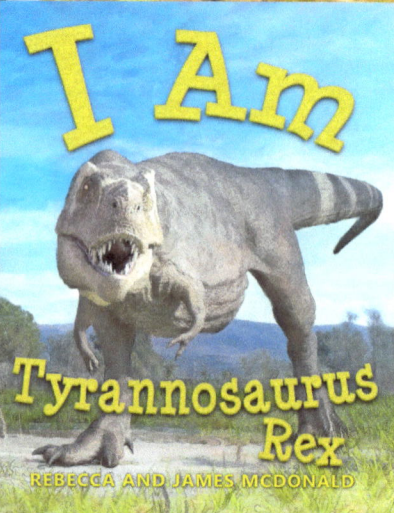

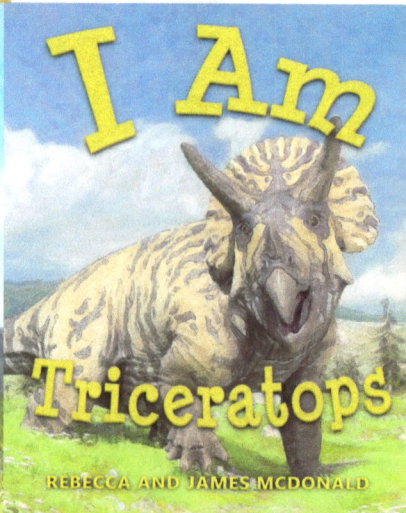

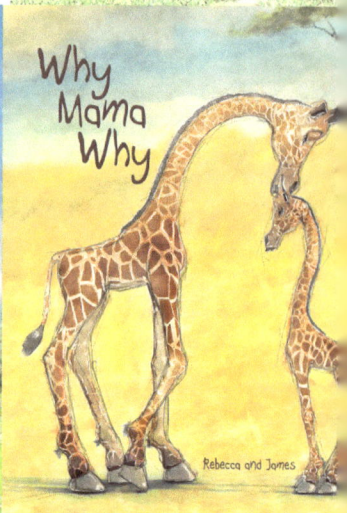

Mira también estos otros libros de House of Lore

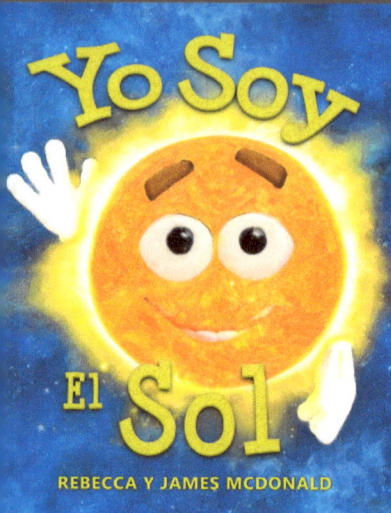

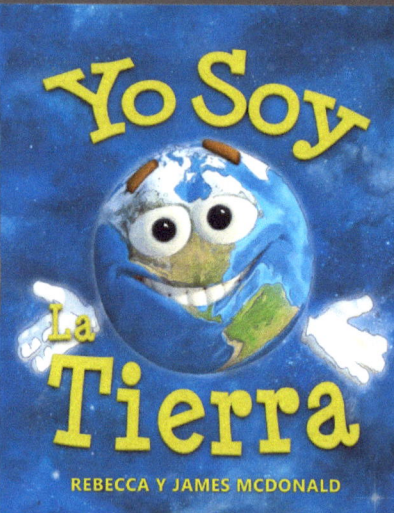

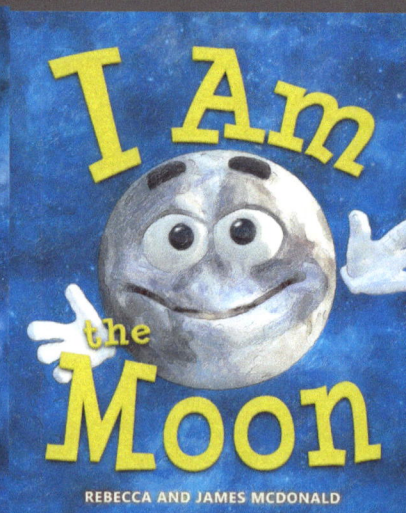

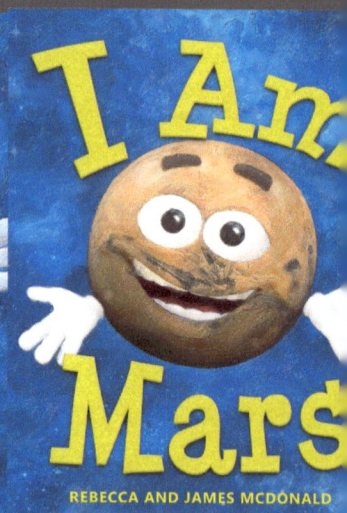

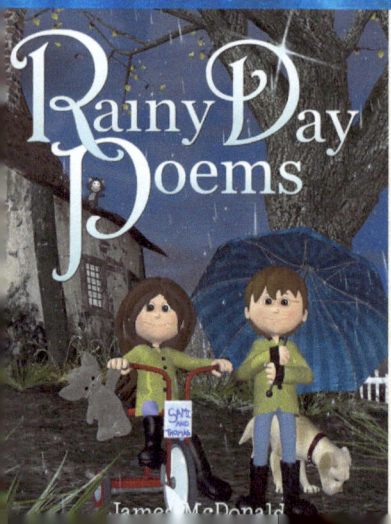

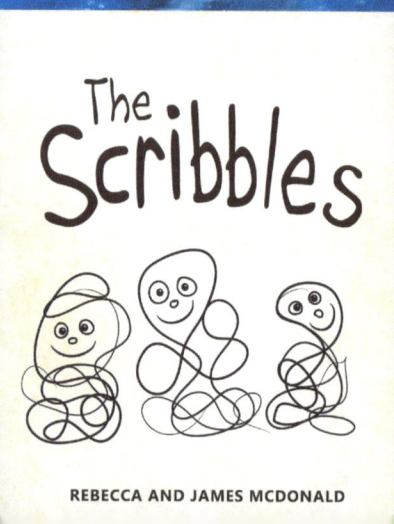

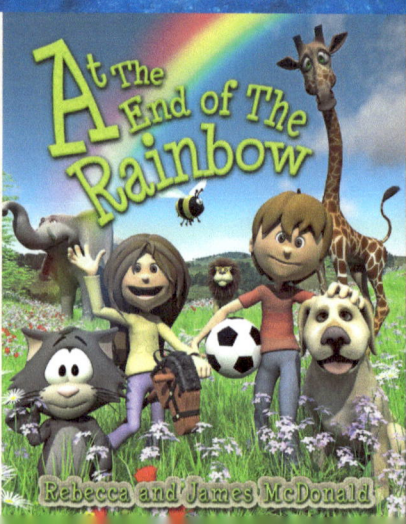

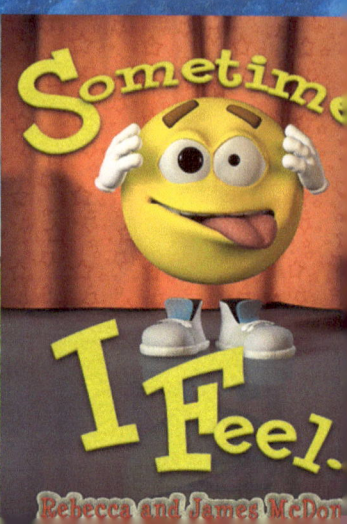

Yo Soy El Sol
REBECCA Y JAMES MCDONALD

Yo Soy La Tierra
REBECCA Y JAMES MCDONALD

I Am the Moon
REBECCA AND JAMES MCDONALD

I Am Mars
REBECCA AND JAMES MCDONALD

Rainy Day Poems
James McDonald

The Scribbles
REBECCA AND JAMES MCDONALD

At The End of The Rainbow
Rebecca and James McDonald

Sometime I Feel
Rebecca and James McDon

www.ingramcontent.com/pod-product-compliance
Lightning Source LLC
LaVergne TN
LVHW072120070426
835511LV00002B/37